AF598214

Sonnets en scène

Steven Dulor

Sonnets en scène

Recueil

LE LYS BLEU
ÉDITIONS

ISBN : 979-10-422-1033-5

Scène Nostalgie

Mon corps étant rentré mon esprit s'évapore,
Mes yeux doux d'Aragon sont gris et sont usés,
Par ce reflet vitreux, vivide, refusé,
La nostalgie dans l'air voyage comme un spore.

Mais où sont mes amis, mes repères, mon port ?
Au milieu de la rive amitiés éclusées,
Un violent tsunami nous laissant médusés,
L'île de mes dix ans n'a plus de passeport.

Derrière mes iris se cachent des paupières,
Comme un second regard, un regard plus hâlé,
Sur le quai de la gare observant le ballet.

Il est temps d'assumer vouloir vous voir en pierre,
Pour la joie présumée de toujours vous avoir,
Attaches pétrifiées comme un coffret d'ivoire.

Scène Retour

Le retour prodigieux des nuages limpides,
Ou celui plus discret de l'aimé sibyllin,
Dont le cœur est gonflé d'un voyage aquilin,
Sur les doux alizées de nos joues intrépides,

Quelle astuce vibrante asséchant les rapides,
Peut nous équilibrer sur ce mouvant filin ?
D'un côté vit le beau, de l'autre le vilain,
Mais quel sens a le don sans les êtres cupides ?

Puis lundi se répète, il est un rituel,
Que connaît une foule en cherchant plénitude,
Sur un coussin soyeux, calmant nos attitudes.

Quand demain sablier, la vieillesse annuelle,
Le baroque décor encor plus fastueux,
Devient l'âtre glacé des bras affectueux.

Scène Fatigue

Je ne peux me vanter de connaître la perle,
L'écrin majestueux, la brisure rouillée,
Livre égyptien des morts, ou manuscrit mouillé,
Tout est soudain plus dur quand famine déferle.

Et la faim bien souvent sur les carreaux déperle,
Les maisons entassées sont premières souillées,
Pour la miette de pain, l'édredon dépouillé,
Pour la goutte de vin, la sagesse du merle.

Les Zeus et Apophis, dont l'amour est glacial,
Ne garnissent parfois qu'envies de Cléopâtre,
Et le feu bien souvent reste défunt dans l'âtre.

La truelle du froid mord la tige cruciale,
Si cruelle piqûre est l'auberge déserte,
Sur les pieds des aïeuls, nos prières inertes.

Scène Espace

La grandiose comète émet un grand fracas,
Cosmique tournoiement, se mouvaient millénaires,
Les étoiles, trous noirs et autres congénères,
Se moquant doucement de nos petits tracas.

Dans l'immense océan nous sommes médakas,
Exceptés quelques cœurs qui furent visionnaires,
Dont la tête coupée par d'anciens actionnaires,
Condamna Galilée, des doigts que l'on braquât.

Mais la vie se poursuit sous un ciel d'ignorance,
Chaque jour le soleil s'y dévoile un peu moins,
Habillant le néant, l'éclairant néanmoins.

Pour la saison des pluies, l'automne d'espérance,
Pour elle ou bien pour lui, les enfants de demain,
Sont les plumes, les voix, sont les doux parchemins.

Scène Soirée 2

Car dans mon lit mes yeux veulent se retirer,
Une rosée factice et l'arbre millénaire,
Du jardin composant les moments culinaires,
Pour plein de mets en pots des dîners inspirés.

Par ici des gojis, plantations désirées,
Les ailes s'éventaient sous les cycles lunaires,
Adieu les loups-garous et pensées sanguinaires,
Les disputes aussi et les cœurs déchirés.

Mais le râle soufflant de celui qui s'isole,
Tombe comme une cape en couvrant les rosiers,
L'aimante solitude est souplesse d'osier.

Sanctuaire prenant comme une camisole,
Des possibles futurs les pièces d'un rébus,
Mille fins sont passées pour autant de débuts.

Scène Jour

Les pieds nus, un passant, regardait le silence,
Les rayons du Soleil profilaient l'horizon,
Quand un oiseau dansant sur le feu des tisons,
Vint réchauffer mon cœur, courbé de turbulences.

Et déborde de fruits l'utopique opulence,
J'en cueille un goguenard, épris de guérison,
Pomme exquise éloignant serpent de trahison,
Les bras chauds, les bourgeons, aux portes de Valence.

Heureux qui croit encore à ce doux nirvana,
Le marchand que je vis caressait son destin,
Sa passion fut transmise en d'immenses festins.

Empli de sensations, fort des lèvres d'Anna,
De sourires idiots et de l'ange des autres,
Mes matins préférés s'entremêlent aux vôtres.

Scène Humain

Comme enfant de lumière un chemin est à suivre,
Portant à bout de bras les leçons du passé,
Cela pèse bien lourd et n'est jamais assez,
De cobras en cobras la plume devient cuivre.

Une amphore huileuse, harcelée par le givre,
Perd en rotondité par sa forme tassée,
Mais le contenant, lui, n'en est pas agacé,
Fort content il se sait comme un mot dans un livre.

Quant à l'homme moderne et vivant à crédit,
Les oiseaux ne sont plus que des vilains qui rôdent,
Confondant fleurs de lins avec une émeraude.

Tant de sentiers nouveaux pour un cœur inédit,
D'emballages coûteux pour singer la prudence,
Sachant que l'avarice attirait l'abondance.

Scène Sonnac

Étant plus inspiré sans porter pantalon,
Tous les bougainvilliers semblent crier leur teinte,
Orange, violet, rose et les pièces éteintes,
Le morose baudet devient bel étalon.

Et les fruits sont mutins dans les bergers Wallons,
Quelque nature-morte ou bien des aquatintes,
Par des traits éclatants, d'harmonie sont atteintes,
Apportant aspect d'or au quelconque vallon.

Quant à l'atroce bête aux mille têtes d'hydre,
Véhément apologue à l'humour saccagé,
Elle fut faite prince et toujours enragée.

Mais de l'Est ou du temps, qu'indique la clepsydre ?
La direction de l'eau vers des vallées d'antan,
Le pendule incessant vers des sonnets chantants.

Scène Femme

À l'énorme nuage ou tertre enseveli,
La fumée douce affleure et se rit de tes hanches,
De ma lèvre ironie, s'insinue page blanche,
Le vélin de l'amour, sur ton front droit se lit.

La prunelle abattue, pardonnée par le lit,
Tant mouillée par des pleurs qu'elle finit étanche,
L'on y retrouva même un corail et des tanches,
Un lac entre tes yeux est un pont qui relie.

Je suis le pèlerin, contraire à l'indolence,
J'irais chercher du feu pour essuyer tes peurs,
J'irais parler aux dieux pour calmer ta torpeur.

Et le vaste matin crache son insolence,
Sur des zones brisées, sur les monts de Brévent,
Le vide et ses dangers se survole en rêvant.

Scène Infini

Cet air froid qui m'enserre est un terrible écueil,
Et mes doigts malmenés, sont roseaux sous le givre,
Pour tromper le verglas, je suis fou, je suis ivre,
Rendez-moi mon entrain, préparez mon cercueil.

Négatif infini, finit dans un recueil,
Métaphysique espoir, résumé comme un livre,
Les glaciers galvaudés n'ont plus le temps de vivre,
Et mon futur enfant, jamais poire ne cueille.

Je suis force, misère, un témoin calfeutré,
L'angélique hallali, musicale sirène,
Comment bramer assez, pour alerter la reine ?

Et le gel est blâmé par des conflits feutrés,
Sous la lune pourrit la plus dure des pierres,
Les défis d'aujourd'hui sont histoires d'hier.

Scène Poème

Si Brutale est ma fièvre, et mes yeux sont ornières,
Le génie bien souvent ne peut que s'isoler,
Il construit par sa main son propre mausolée,
Espérant épitaphe apportant la lumière.

Il se préfère mort, que porter muselière,
Son entourage crie en visage affolé,
Et son cœur petit chat, se voulait consolé,
Pourtant féroce est vu, qu'importe la manière.

Debussy sans piano n'est que gredin douteux,
Et Rimbaud sans poème est un astre futile,
Quand le fier maraîcher, pour village est utile.

Les rêveurs polissons sont des êtres coûteux,
Ils sont velus, oisifs, ils n'ont qu'une chaussure,
Et trop tardivement, nous pansons leurs blessures.

Scène Novembre

Que la rose vous cache une mélancolie,
Qu'un arbrisseau vivace, épris de mille muses,
Ne saurait retenir, avant qu'elle n'amuse,
Autant de cette attache à l'égard des folies.

La main souvent en est quelque peu ramollie,
Ridicule instrument, loin de la cornemuse,
D'un visage aplati par ces faces camuses,
Via la belle topaze un être est aboli.

Il n'y a d'étrangers que les souffles prospères,
Les élans de Camus envers l'inattention,
Sont les cordes têtues relâchant les tensions.

Mais la philosophie de nos jeunes grands-pères,
Ne peut atténuer l'avis de brins douteux,
Malesherbes, Gauguin, sont des amants coûteux.

Scène Mythos

Ô toi ne voulant pas voler d'une aile libre,
Les ocres délaissés, au profit d'un amant,
Les ordres jamais vus si peu élégamment,
Rejoignant Sémélé en espoir d'équilibre.

Les actes vertueux, l'intuition du félibre,
Sont parfois mis à mal, parfois trop fréquemment,
Dans ta couche est Héra, son fort tempérament,
Actéon s'emmêlait, sur les ondes du Tibre.

Le monde veut fêter, veut revivre et Pan dort,
Sur les coups de minuit : la liesse populaire,
Tout cela l'air de rien ou bien l'air Baudelaire.

Par bêtise d'amour, les démons de Pandore,
Sont nos titans brumeux au chevet des malades,
Artémis est mêlée, la vengeance escalade.

Scène Cinéma

La colline aux canards est rocher visionnaire,
C'est la belle assemblée d'un système profond,
Comme un tertre lucide, où l'amour est sans fond,
Un foulard alangui, couvrant le millénaire.

Quand des mots naît soudain, génie d'Apollinaire,
Qu'une guivre râleuse échafaude un plafond,
Pour éviter que pie se transforme en griffon,
Les esprits peu flattés deviennent sanguinaires.

Mais parlons de la mer et son champ lexical,
Des pirates poisseux, voguant sur l'Atlantique,
De l'écume insondable en coraux aquatiques.

Qui dans son élément ne peut voir que la cale,
Est un fieffé vautré, sur des faits qu'il enserre,
C'est en aimant les bois que l'on se change en cerfs.

Scène Astrale

Si molécule avait cette once de conscience,
Pensez-vous qu'elle aurait idée de notre corps ?
Pour expliquer le tout en légende on décore,
Le grandiose univers et quelques mots de science.

Nous sommes enivrés d'étonnantes croyances,
Comme des boucliers, comme des garde-corps,
Les lançant volontiers pour prouver désaccord,
Pour sermonner ailleurs d'habiles résiliences.

« Le plus semblable aux morts meurt le plus à regret »,
Ainsi dit La Fontaine employant les mots justes,
Rendant hommage à ceux dont nous taillons les bustes.

De la plage le grain, l'industrie, le progrès,
Face à l'astre infini notre ignorance est ample,
Et nous comblons le vide en construisant des temples.

Scène Parole

Lorsque saison brunit, aussi l'homme brunit,
Loin des jeux égarés, bien des âmes empestent,
Car malheur personnel sur les autres délestent,
Sont si faibles les liens, qu'une pluie désunit.

Pour les autres chanceux se sentant démunis,
Par des envies d'ailleurs tendez voiles vers l'Est,
Comme iris entourée, besoin d'être modeste,
Du courant Destinée, les vilains sont punis.

Une lettre pour ceux qui toujours vilipendent,
Une langue pendue n'est pas fonction innée,
Même si par défaut ne fait que s'obstiner.

Pour un peu de terreur dont ces mêmes dépendent,
Trouvant prétexte à tout pour clamer déraison,
Par pitié gens de peu restez dans vos maisons.

Scène Crête

La montagne déverse en ses bords pleins de voiles,
Tantôt vous faisant face et puis sur le côté,
C'est l'histoire d'un phare et de bottes ôtées,
Car en mer loin de tout l'univers se dévoile.

Mais enfin loin de tout, mais proche des étoiles,
Certains comme Craxton ont trouvé loyauté,
Dans leur valise une île où les cœurs ont voté,
En faveur des glaïeuls inspirant mille toiles.

L'eau est salée mais douce et l'on y voit nos pieds,
Les légions de citrons presque piquent les roses,
Les jardins non taillés sont des écrits en prose.

Mon carnet se remplit de musique en papier,
Où les sons diffusés à travers les garrigues,
Sont parfois bien connus et parfois sont intrigues.

Scène Pétale

Un pétale s'étiole en l'aimé chrysanthème,
Ce frivole voguant sur les crocs du présent,
Dans l'espoir de rester en des pays plaisants,
Sur le manteau du vent il s'écarte du thème.

Tout change par ici, quel est donc ce système ?
Atomes par milliers, s'en vont vite et lésant,
Les odieux entrepôts, surtout le poids des ans,
Quand petit organisme est devenu totem.

Il existe des coins appelant plénitude,
D'où l'on peut entrevoir autant de travailleurs,
Puis en fermant les yeux, l'on se retrouve ailleurs.

Le pétale a vécu d'intenses gratitudes,
Il est bon désormais d'en apprendre sur lui,
Sous son air écarlate est sa robe qui luit.

Scène Bas

Chaque trait que je tire est en fait à sa place,
Pour apprendre à aimer il faut être patient,
Donc j'écris savamment, décrivant l'inconscient,
Dans l'espoir incertain que mes textes ne lassent.

Mais visionnez vraiment : ma masure est palace,
Elle semble cabane ou l'hiver insouciant,
Permettrait le repos, l'émergence du cyan,
Loin du gris quotidien, loin des villes de glace.

Et que l'air se morfonde et que l'eau se dévoue,
Une amphore versant belle rosée de l'aube,
Puis un mot pianoté rajeunit l'épilobe.

Les hasards par ce fait, ne sont que rendez-vous,
Gloire à l'homme puissant qui se sait responsable,
D'être l'unique auteur, donnant corps à sa fable.

Scène Latine

Un poète entêté trouve refuge à Roche,
Et la bise en manteau lui caresse les joues,
Il se cabre pourtant, sur sa chaise acajou,
Anémone Adonis, puis hommage à Gavroche.

Les pervenches rusées, vers le lointain s'approchent,
Pour ainsi mieux planquer leurs horribles bijoux,
Abdiquant leurs atours pour orchestrer le joug,
D'un sordide royaume, interdisant les croches.

Et le rythme furieux des échecs souverains,
Fait poésie de deuil en des sonnets salubres,
Où les corps audacieux virent goules lugubres.

La lumière en ces lieux enrage riverain,
De ces pages dorées, désirant sa part d'ambre,
Dix-neuvième ombragé, depuis le dix novembre.

Scène Homme

Rendez-vous des oiseaux, écarlate matin,
D'un soleil au zénith, ou d'un zest de dôme,
Est un geste hasardeux vers un opisthodome,
Caligula fiévreux en perdrait son latin.

Sortant de la couche des linges de satin,
Dont Satan raffolait pour les louanges d'hommes,
Par là même écroués sur la place Vendôme,
Qu'importe leur excuse ou bien leur baratin.

Les badauds pour glaner stoppaient net la pétanque,
Certains se pavanaient d'ainsi désobéir,
Pour jouir de leur malheur il faut bien se haïr.

Mais la paille brûlait sous les assauts des tanks,
Tandis que s'esclaffaient les ombres des roseaux,
D'ici à Santa Fe, sur les berges d'Oso.

Scène Interrogation

De l'attente abolie et des terres d'azur,
Le Québec alangui n'a plus peur des orages,
Et la neige effeuillée en flocons de mirage,
Doucement fond du sang, pour une ultime usure.

S'étant ainsi mêlé aux teintes des lasures,
L'écorché résineux, l'assimilé courage,
La surface élimée comme un risqué virage,
Est aubaine aberrante et sans demi-mesure.

Arrêtez de charmer les ivresses d'antan,
Où l'usage est de boire en criant son émoi,
Si l'autre était le « je », qui serait donc le moi ?

Ne connaissant la paix, qu'en des arbres plantant,
Il arrive un écart, quasi imprévisible,
C'est un tout, c'est bien toi, car ton âme est lisible.

Scène Phare

Il était un atout, sous la forme d'un phare,
Visible de partout, pour les seuls rochelais,
Les Charentais au corps, les marins esseulés,
Volonté de retour sur l'océan blafard.

La chaleur du foyer, l'accostage en fanfare,
Un réveil au départ et les cœurs muselés,
Tant de pleurs et de joie les faisant chanceler,
L'heure est ivre d'émoi, la femme ivre de fards.

La famille est liée en un sac de grelin,
Car lorsqu'un bout s'en va, toujours l'autre l'amarre,
Nomade ou citadin, nés de la même marre.

Rejoignant petit port, il se sent Chatelain,
Descendant de la proue en prouesses agiles,
Comme un nouveau chapitre, Énéide à Virgile.

Scène Ambition

Pour qui s'éprend du Sud et se croît un sultan,
Partant à la conquête, érigeant cicatrices,
Nul ne doute de lui sinon la médiatrice,
Il tombera pesant, comme un piètre insultant.

Comme loup chasse lion, rien là de révoltant,
L'ambition mesurée peut-être salvatrice,
L'irraisonnée pourtant s'avère destructrice,
Par le lion, loup croqué, voici le résultant.

Quand on reste chez soi, les rêves coagulent,
Mais sortant le front haut en toute autonomie,
Des méchants et des fous ferions l'économie.

Pensant être des points ils ne sont que virgules,
Parfois jouer des poings peut vous rendre immortel,
L'on se souvient d'Hector non pas d'Édouard Coutel.

Scène Mains

Je regarde mes mains et je vois des fossiles,
Quelques membres rougis par le travail forgé,
Une chaude couleur dont le sang s'est gorgé,
Caressant la peau nue de deux filles faciles.

Ces mains sont les objets, les prothèses graciles,
Pour exprimer ma thèse en langue de berger,
Je suis le blanc mouton, la couleuvre immergée,
Et mon corps en entier, luxueux domicile.

Combien de fleurs des champs pour la seule Cérès ?
Combien d'êtres enclins à léguer leur famine ?
Pour un peu profiter de volées vitamines ?

Mes mains crient la gloire et pourtant sont paresse,
Ébréchant volonté comme verre en cristal,
Malgré tout convaincu qu'elles sont de métal.

Scène Choix

Il est parfois passé l'épisode trop dur,
Comme le grain du bois avec le temps s'épanche,
Et l'histoire aux abois sur laquelle on se penche,
Ne nous définit pas, si ce n'est la bordure.

S'écoulent les actions, tout ce que l'on endure,
Comme l'huile dans l'eau, comme l'or sur tes hanches,
Ne se mélangent pas, en matières étanches,
Certains se sont noyés, sous couvert de verdure.

Et l'âne bondissant se prend pour un phœnix,
Mais même travesti, jamais l'on ne s'y trompe,
Qui pour trop investi, que son masque se rompe !

Le jardinier confiant planterait des onyx,
La sirène oisive et ses chansons charmantes,
Sont fumeuses idées, mieux vaut poignée de menthe.

Scène Recherche

Les objets égarés ressemblent à mes œuvres,
Car toujours sous le nez, bientôt-là ne sont plus,
Impossible débat d'être aimé d'avoir plu,
Quand personne ne lit mon passage à Vendeuvre.

Que je parle d'amour, de ciel ou de couleuvre,
Que débordent cahiers par des mots en surplus,
Rien n'y fait, rien à faire en pressant le déplut,
Restent muets mes vers, qu'importe la manœuvre.

Et je me dis qu'ainsi ma langue est protégée,
Mais aussi soyons franc : si cela vaut la peine ?
L'absence en La Fontaine est remède à la haine.

J'irais pourtant aux bois et sur monts enneigés,
Pour décrire la perle ou l'écrin des oracles,
Mais sans être Thésée, quel sera mon miracle ?

Scène Botanique

Le flamboyant Phoenix en nature conquise,
Via des fruits, des chemins était cheval de Troie,
D'où les restes fumants caressaient les parois,
De la flore incendiée que l'on croyait acquise.

Les blanches jonquilles en étaient les marquises,
Quant aux agrumes Saints, présentement des rois,
Couronnés de soleil et non de désarroi,
Furent destitués sous la lumière exquise.

Les cols bleus et les paons, comme de petits Dieux,
Semblaient se concerter sur la marre d'Olympe,
N'étant en fait aux Dieux, qu'au caviar œuf de lump,

Quand finit le sentier fut le temps des adieux,
Aux statues, aux bourdons, serpentant les virages,
Nous partîmes contents vers d'autres pâturages.

Scène Tasdon 2

Sous le ciel étoilé d'une boule à facette,
Le regard apaisant de la femme au tableau,
Crée l'intime moment, crée l'intime hublot,
D'une douce existence à la richesse ascète.

Si proche littoral, l'on se croirait à Sète,
Et le cuir est usé comme le nom Pablo,
Nullement un château, non plus Fontainebleau,
En modeste bonheur, confortable poussette.

Des objets de partout en éclats d'autre part,
En passant par la proue, les tentures légères,
Et les sursauts de voix de possibles mégères.

Mais l'envie de rester contre envie de départ,
De malheur en surprise une odeur familière,
En fait notre chez nous, notre forêt de lierre.

Scène Tasdon 3

Et si la fleur du soir n'était plus qu'un pétale ?
Doucement arraché par les fins doigts de l'aube,
Et si tout l'univers n'était qu'unique globe ?
Dans les mains enragées d'un fondeur de métal.

Et si le rossignol devenait végétal ?
De ses ailes cendrées les vergers qu'il englobe,
Et si les plus grands monts n'étaient plus qu'épilobes ?
Souvenir d'ascension de l'ancien piédestal.

Questionnant une échelle et notre perception,
D'un possible futur aux couleurs androïdes,
L'impossible pouvoir d'un vaste astéroïde.

Au-delà du semblant, pareille déception,
Se console au regard d'une pierre précieuse,
Et nous courrons partout sous l'étoile rieuse.

Table des matières

Imprimé en Allemagne
Achevé d'imprimer en octobre 2023
Dépôt légal : octobre 2023

Pour

Le Lys Bleu Éditions
40, rue du Louvre
75001 Paris

www.ingramcontent.com/pod-product-compliance
Lightning Source LLC
Chambersburg PA
CBHW062347010826
49168CB00024B/302

* 9 7 9 1 0 4 2 2 1 0 3 3 5 *